CATALOGUE.

ESTAMPES ENCADRÉES ET EN FEUILLES.

ALIAMET (*par Jacques*).

1* Le Rachat de l'Esclave; — L'ancien Port de Gênes; — la Bohémienne consultée, par *P. Laurent*; — l'Embarquement des Vivres, par *Le Bas*; 4 gr. p. en l., d'après Berghem.

ANDERLONI. (*par Petrus*).

2* Moïse défendant les Jeunes Filles de l'insulte des Bergers, d'après N. Poussin.

ARDELL. (*par J. M.*)

3* Rubens with his Wife and child : Rubens avec sa Famille. Est. gravée à la manière noire, d'après Paul Rubens.

AUBERTIN (*par*).

4* Effets de Neige, d'après César Van-Loo, 2 p.

5* Ports de France, et diverses vues du Méxique, (*par Aubertin, Daniell, Garnerey, Hégi, Noël.*) 18 p. en couleur; 2 lots.

AUBRY-LE-COMTE (*par M.*)

6 Portraits d'Auguste-François de Châteaubriand, d'après Girodet-Trioson; Epr. sur papier de Chine, imprimerie de Constans.

Estampes

AUDOUIN (*par Pierre*).

7° Louis XVIII, Roi de France, d'après M. P. Bouillon. — Charles-Philippe de France, Monsieur, comte d'Artois, d'après M. Saint. — Louis-Antoine, duc d'Angoulême, fils de France, d'après J. Bralle. — Et Charles-Ferdinand, duc de Berry, d'après M. Augustin. Les 4 Potraits., Epr. avant la lettre. Celui du duc de Berry est en feuille.

8° Vénus blessée, dessinée par Bouillon, d'après une des compositions de Raphaël. Epr. avant la lettre.

9° Henri IV, Roi de France et de Navarre, dessiné par Bouillon, d'après le tableau de Porbus, le titre tracé à la pointe.

10° Vénus Blessée, d'après Raphaël. — L'Amour désarmé, d'après le Corrége, gravé par Char. Guérin; 2. Est. La première est avant toutes lettres, les armes seulement.

AUDRAN et Ger. EDELINCK (*par Girard*).

11° Sujets tirés de l'histoire d'Alexandre-le-Grand. Le passage du Granit, la Bataille d'Arbelles, la Famille de Darius, très-belle Epreuve. (Par. Ger. Edelinck.) L'Entrée dans Babylone, la Défaite de Porus, d'après Char. Le Brun; 5 très-gr. Est. anc.; Epr. avec le nom de Goyton l'imprimeur.

12° La même suite complète, aussi avec la remarque du nom de Goyton l'imprimeur.

BALECHOU (*par Jean-Joseph*).

13° La Tempête, d'après Jos. Vernet; belle Epr. avant les tailles sur la dédicace.

CATALOGUE
D'ESTAMPES
EN FEUILLES ET ENCADRÉES,
TABLEAUX, DESSINS,
PLANCHES GRAVÉES ET IMPRESSION,
Quelques Bronzes, etc.

DONT LA VENTE SE FERA

Le Mardi (15 Mars 1825,) et jours suivans, de midi à quatre heures;

RUE D'ORLÉANS S.-HONORÉ, n° 13, HOTEL D'ALIGRE.

PAR CHAILLOU-POTRELLE.

L'exposition publique aura lieu dans le même local, les Dimanche 13 et Lundi 14 Mars, de midi à trois heures.

Le présent Catalogue se distribue A PARIS,

Chez MM. { FÉLIX, Commissaire-Priseur, rue du Faubourg-Poissonnière, n° 18;
CHAILLOU-POTRELLE, Graveur, Marchand d'Estampes, rue Saint-Honoré, n° 150.

IMPRIMERIE DE CHAIGNIEAU, RUE DE LA MONNAIE, N° 11, A PARIS.

1825.

ABRÉVIATIONS.

D'apr. . . . . D'après. Pap. . . . . Papier.
Épr. . . . . Épreuve. Tit. . . . . Titre.
Est. . . . . Estampe. H. . . . . Hauteur.
P. . . . . Pièce.   L. . . . . Largeur.

Nota. L'exposition publique ayant lieu les Dimanche et Lundi qui précèdent la Vente, il ne sera reçu aucune réclamation après l'Adjudication.

14* Portrait de Jean de Julienne, d'après De Troye;
— par P. Drevet, André-Hercules, Cardinal de
Fleury, d'après Hyacinthe Rigaud; — par Edelinck,
le Portrait de George Joly; 5 p., 1 lot.

BARBONI (*par Pietro*).

15* Quatre grands Paysages, d'après G. Poussin et Cl.
Lorrain.

BARTOLOZZI.

16* Cinq Sujets de la fable, composés dans des ovales.

BATTA. (*par Gio.*)

17* S. M. Maddalena Penitente, Sainte Marie Madeleine,
Pénitente, d'après Ann. Carrache.

BAUDET. (*par*).

18* Adam et Eve chassés du Paradis, d'après le Dominiquin.

BERTRAND. (*par M. Noel*).

19. S. M. Charles X, Roi de France et de Navarre,
d'après Buguet.

20* Louis XVIII, Roi de France et de Navarre. — S. A.
Royale Monsieur, Charles-Philippe de France, Comte
d'Artois, d'après le dessin de Buguet; grands Portraits coloriées, compos. dans des ovales.

BESSA (*d'après*).

21* Des Fruits coloriés, faisant suite aux Fleurs et
Fruits; Paris, Vilquin; 4 p., 1 lot.

BERVIC. (*par feu*).

22* L'Education d'Achille, d'après Regnault. — L'En
lèvement de Déjanire, d'après Guido-Reni.

BLOT (*par Maurice*).

23* Marcus-Sextus, d'après M. Pierre Guérin; Epr. avant la lettre.

24* La même Estampe; Epr. avant toutes lettres.

25 Fête au Dieu Pan, d'après le Poussin; Est. du Musée, H. Laurent; Epr. avant la lettre.

BOLSWERT (*par Schelte*).

26* Le Christ à l'éponge, d'après Rubens; pr. Ep. avant la main sur l'épaule de la Vierge. L'épr. n'a pas de marge.

BOLSWERT et Joan WITDOECK (*par*).

27* L'enfant-Jésus caressant la Vierge. — La Vierge allaitant l'Enfant-Jésus, d'après Rubens; 2 p. en n., 1 lot.

28* Jésus-Christ crucifié (au bas de l'Estampe); (Est-il une douleur pareille à la mienne!), d'après J. Jordaens.

BULLI (*par Piet*).

29 Ceixe e Alcione, paysage d'après Wilson.

BURNET (*par John*).

30 The Valentine, la Bonne-Nouvelle. — The Dancing dolls, les Marionnettes. — The young Bird, l'Oiseau privé. — The Cat, le Marchand de poissons, d'après Miéris; 4 p. anglaises, 2 lots.

BYRNE (*par W*).

31* La Mort du capitaine Cook (The Death of capitain Cook), d'après Weber.

encadrées et en feuilles.

CARDON (*Anth. J. et Schiavonetti junior*).

32*L'Assaut et la Prise de Séringapatam, le 4 mai 1799. — Dernier Effort et Mort du sultan Tippoo, d'après H. Singleton; 2 gr. Est. coloriées à Londres.

CHATILLON (*par M' H. G.*).

33*Endymion, gravé en 1810, d'après Girodet; belle Epr. avant le nuage.

34*Offrande à Esculape. Des enfans conduisent leur père malade à l'autel d'Esculape, et implorent sa guérison, d'après M. Pierre Guérin.

COROT (*élève de Bervic*).

35*La Vierge au Lézard, d'après Jules Romain.

DASSY (*par M. Joseph*).

36 Héro et Léandre, lithographie d'après Girodet-Trioson, 1820; Epr. avec la lettre, sur papier de Chine, impr. de Constans.

37 La même lithographie, aussi sur papier de Chine; Epr. avant la lettre.

DEBUCOURT (*par M.*).

38 Le Drapeau. — La Croix-d'Honneur; 2 p. à l'aquatinta.

DESNOYERS (*par M. Aug. Bouch.*).

39 La Vierge au Poisson, tabl. peint, vers l'an 1513, par Raphaël : le titre et les deux lignes d'inscription tracés à la pointe.

40*La Vierge, dite la Belle-Jardinière, d'après Raphaël.

41*La Vierge aux Rochers, dessinée et gravée d'après Léonard de Vinci.

42*Moïse sauvé des eaux, d'après Poussin; le paysage, par Filhol et Niquet.

DREVET (*par Pierre*).

43*Louis-le-Grand, portrait en pied et en grand costume, d'après Hyacinthe Rigaud.

44*Jacobus-Benignus Bossuet, Episcopus, Evêque : portrait en pied, gravé par Petrus Drevet, en 1723, d'après Hyacintus Rigaud.

45*Adrienne Lecouvreur, d'après Ch. Coypel ; belle Epr.

46*La Sainte Vierge, présentant au Temple l'Enfant-Jésus que le vieillard Siméon reçoit entre ses bras, en bénissant le Seigneur, d'après L. de Boullogne.

47*Guillaume cardinal Dubois, archevêque, duc de Cambray, prince du saint empire : portrait vu jusqu'aux genoux; d'après Hyacinthe Rigaud, 1723.

DUTHÉ (*par*).

48*Louis XVI et son auguste Famille, au sein de la gloire céleste : Louis a prié, Dieu pardonne; gr. apoth., d'après Hamilton.

EARLOM (*par Richard*).

49*Les Fleurs (a Flower piece); les Fruits (a Fruit piece), d'après Jan-Van-Huysum, Epr. avant la lettre. (Premières pl.)

EDELINCK (*Gérard*).

50*La Magdeleine se dépouillant de ses vêtemens, et

encadrées et en feuilles. 9

renonçant aux vanités du monde, d'après Lebrun; Epr. avant la bordure, et avant l'adresse.

51*La même Estampe : les lettres qui étaient en bas de la marge ont été effacées, mais l'Epreuve est belle.

FLIPART (*par J. J.*).

52*L'Accordée de village; — le Paralytique servi par ses Enfans, d'après J. B. Greuse; anc. Epr.

FOLO (*par Giov.*).

53 Diane dessous sa tente, d'après Nocchi.

FONTANA (*P.*).

54*Amore e Psiche : (soggetto tratto dalla favola di Apulejo), d'après A. Canova.

55 Apollon du Belvédère, d'après Fineschi. — Vénus de Médicis, d'après Durantini; 2 Statues.

FORSTER (*par M.*).

56*Frédéric-Guillaume III, roi de Prusse; Portrait comp. dans un ovale, avec les attributs de la guerre, d'après le Tableau de M. Gérard; très-belle Epr. avec la lettre, et sur papier de la Chine.

57*Portrait de N. C. Oudinot, duc de Reggio, dessiné par M. H. Laurent, d'après M. Robert Lefèvre. — Autre Portrait à cheval du colonel des guides, en grand uniforme, d'après M. Carlo Vernet, gravé par Coqueret.

FROMMEL (*par*).

58 Villa d'Este in Tivoli; — Ariccia bey Rom; deux paysages, d'après Frommel.

GARAVAGLIA (*par Giovita*).

59 La Vierge soutenant l'Enfant-Jésus qui caresse le petit Saint-Jean : (Vincensio da san Giuignano dipinse, Giovita Garavaglia incise); le Tit. en lettres grises; Est. dite, Vierge de la galerie de Dresde.

60 La Sainte-Famille, par Garavaglia, d'après Raphaël.

GEORGE-CLINT.

61 Jugement de la reine Catherine, d'après Harlow; grande Est. en L. gravée en manière noire.

GIRARDET et FORTIER (*par Abraham*).

62 Fête à Bacchus; — Fête à Cérès, d'apr. N. Poussin.

63 Les mêmes Estampes, Epr. avant la lettre.

64 Le Centaure; — le Gladiateur; Epr. avant la lettre; une Est. sur papier de Chine.

GMELIN (*par Guil., Frid., Romæ*, 1805).

65*Temple de Vénus : *Templum Veneris*, d'après Claudius-Gillée Lotaring, pinxit; — le Moulin de Claude : il Molino di Claudio, d'après Gemalt von Claude Lorrain. 2 gr. Paysages, anc. Epr.

66 Rinaldo e Armida; — I Sepolchri del Pussino; — Aci e Galatea; — Il Temporale del Poussino; — Fuga in Egitto, d'apr. Cl. Lorrain et G. Poussin.

GODEFROY (*par M. J.*).

67*D........ à la Malmaison; — Marie-Louise faisant pendant; deux Portraits, d'apr. M. Isabey; Epr. avant la lettre; — Enée, portant son père Anchise, d'après Chaudet; 3 p., 2 lots.

encadrées et en feuilles. 11.

GREEN (*Valentine*).

68* Régulus; — Annibal; très-gr. Est. en manière noire, d'apr. B. West; belles Epreuves avant la lettre.

GREMILLIER (*par*).

69 Oiseaux perchés sur des branchages, d'apr. Barraband, 9 p., dont 4 coloriées.

GUDIN (*par M. J. M.*).

70* Angélique et Médor, d'apr. M. Berthon; toute prem. Epr. avant la lettre.

INGOUF (*par*).

71* Les Canadiens au tombeau de leur Enfant, d'après le Barbier l'aîné.

JAZET (*par M.*).

72 Le Soldat Laboureur, d'après M. Horace Vernet.

73* La même Estampe, épreuve avant la lettre.

74* Attends ! Attends ! d'après M. H. Vernet, 1823.

75 Le Soldat de Waterloo, d'après M. H. Vernet.

76* La même Estampe, épreuve coloriée et montée sous verre, peint avec vignette dorée; en bas est écrit : *honneur au courage malheureux !*

77* Prise de la Redoute Kabrun (*Défense de Dantzick*, 1813), d'après M. H. Vernet; Epreuve avant la lettre.

78* Portrait en Pied de M. Louis David, représenté dans son atelier, d'après le dessin fait à Bruxelles par M. J. Odevaer.

79* A tous les Cœurs bien nés que la Patrie est chère ! d'après M. Horace Vernet ; très-belle Epreuve.
80* Effet de Lune. Gr. Est. en l. représentant un groupe d'Officiers sur un Rocher, d'après Martinet. — Autre grande Estampe en m. représentant des Officiers français recevant les ordres du Général en chef; 2 p., 1 lot.

LAURENT (*par M. Henri*).

81* La Communion de Saint Jérôme, d'après le Dominiquin, gravé d'après le dessin de M. Bouillon; Epr. avant la lettre. P. du Musée royal.
82* Enlèvement des Sabines, d'après Nicolas Poussin.
83* La même Estampe, le titre tracé à la pointe.

LIGNON (*par M. Fred*).

84* La Vierge au Poisson, d'après Raphaël, première Epreuve avec la lettre.
85 La même Estampe; Epr. avant la lettre.
86 Sainte Cécile, d'après le Dominiquin, d'après le dessin de M. Lefort, 1812.
87 Le Christ et la Magdeleine, d'après le Guide, vus à mi-corps; Epr. avant la lettre.

LONGHI (*par Giuseppe*).

88 La Maddalena del Corregio, d'après le Corrège. — La Maddalena del Battoni, par Schultz, d'après Battoni.

MASSARD (*par M.*).

89 La mort de Socrate, d'après M. David; ancienne Epreuve.
90* Statues, d'après l'antique, dessinées par M. Ingres; 2 p.

encadrées et en feuilles.

MASSOL et NOEL (*par MM.*).

91*Nymphes au bain, dessinées par M. Aug. Desnoyers, et gravées sous sa direction, d'après M. G. Lethiers; anc. Epr., avec le cachet de M. Desnoyers.

MORGHEN (*par Raphaël*).

92 Le repos en Egypte. — Le sujet dit les heures, ou l'image de la vie humaine, d'après N. Poussin.

93*Angélique et Médor, d'après Thr. Matteini, sujet comp. dans un ovale.

94 François de Moncado, représenté à cheval, d'après Van-Dyck.

95 La Jurisprudence, d'après Raphaël, sujet comp. dans un cintre.

96 La Vierge à la chaise, d'après Raphaël.

MULLER (*par Frédéric de Stutgard*).

97*Saint Jean l'Evangéliste, d'après le Dominiquin; belle épreuve.

98 La même Estampe.

MULLER (*par M. Ch.*)

99*Psyché enlevé par les Amours, d'après Prud'hon, Estampe de la Société des amis des arts.

PAYON (*par Ign.*)

100 Saint Jean, d'après le Dominiquin. — La Magdeleine d'après Schidone.

PERÉE (*par*).

101 Oiseaux coloriés, d'après Barraband; vingt-cinq feuilles, 2 lots.

PESNE *(par Jean, 1623).*

102*Les Sept Sacremens de l'Eglise, représentés en une suite de sujets tirés de l'Histoire Sainte, d'ap. N. Poussin; gr. Est; en L.

PILLEMENT *(par V.).*

103*Piége tendu par l'Amour, d'apr. Collet : les figures par Godfroy, le paysage par Pillement. — Les Quatre Saisons, paysage en L., par le même; 5 p., 1 lot.

PIRINGER *(par M.).*

104 Danse à une Fête de Village, gr. Paysage avant la lettre, d'après Cl. Lorrain.

105 La même Estampe aussi avant la lettre, et sur papier de Chine.

106 Quatre Paysages, d'après Cl. Lorrain; 3 sont avant la lettre.

107 Les Quatre Points du Jour; Epr. avant la lettre.

108 Vues de Clisson dans la Vendée, d'ap. Thienon; 30 p.

109 Vues de Lyon; 16 p., 2 lots.

110 Vues des Monumens de la France; eaux-fortes; 27 pieds, 2 lots.

111 Paysages en couleur, d'après Gaspar-Poussin, Lucatelli, Rembrant, Van-Bloëmen.

112 Vues de Constantinople et autres, 21 p.

113 Les Quatre Points du Jour; épreuve avant la lettre, moyen format.

114 Paysage, d'après les Tabl. du Musée Royal; 2 p.

encadrées et en feuilles.

115 Le Délassement champêtre; — l'Incendie d'un Village; — la Tempête sur mer; — le Clair de Lune; Gr. Paysage en L., d'apr. Noël, Piringer et Weith; 11 p., 5 lots.

116 Paysages, d'après et par Ommegand, Piringer, Watelet, Thibault; Epr. avant la lettre sur papier de Chine; 16 p., 5 lots.

117 Vues de la Ville d'Orléans, d'après les Dessins de Salmon.

118 Paysages d'après Gaspar-Poussin.

119 Les mêmes; Estampes Epr. avant la lettre.

120 Paysages, d'apr. Cl. Lorrain; le tit. tracé à la pointe.

121 Vues des anciens Monumens de Rome, gravés à Londres; 20 p.

122 Vues de Constantinople et autres; 9 p.

123 Paysages, Vues, Batailles; 66 p.

124 Paysages gravés à l'eau-forte; 21 p.

125 Vues et Costumes d'Angleterre; 52 p., 4 lots.

126 Un Militaire retournant dans sa patrie; épreuve avant la lettre, sur papier de Chine.

127 Passage de Louis XVIII sur le Pont-Neuf lors de son Entrée à Paris; Gr. Est. en L., d'après Melling.

128 La même Estampe; — et Entrevue sur le Nyemen, d'après Isabey; 5 p., 1 lot.

PRADIER (*par M. Ch. Simon*).

129 Psyché et l'Amour, d'apr. M. Gérard; Epr. avant la lettre.

130 Regnault-de-Saint-Jean-d'Angéli ; Portrait en grand costume, d'apr. M. Gérard.

131 Flore caressée par Zéphir ; d'apr. M. Gérard.

RAIMBACH (par Abr.).

132 The Rent' Day ; Le Payeur de Rentes ; — Village Politicians, les Politiques du Village ; — Blind-Man's buff, le Collin-Maillard ; d'apr. Wilkie ; 3 p., 1 lot.

RAINALDI (par Franç.).

133 L'Aurore, d'apr. le Guide.

RICHOMME (par M. Joseph T.).

134 Neptune et Amphitrite, d'apr. Jules-Romain ; Epr. avant la lettre ; (Est. de la Société des Amis des Arts.)

135 La même Estampe, 1 avant et l'autre avec la lettre, 2 p., 2 lots.

ROCHARD (par Simon).

136 Bélisaire, petit format, d'après M. Gérard.

RUHIERRE (par M. E., 1823).

137 Henri IV chez Michaud, d'apr. M. Menjaud ; Epreuve avant la lettre.

SCHULER (par Ch.).

138 L'Innocence outragée, d'apr. Van-Brée.

SCRIVEN et THOMAS WILLIAMSON.

139*Calypso découvrant Télémaque et Mentor sur les côtes de son Ile : Telemachus et Mentor discovered by Calypso on the shores of her island ; — Télémaque raconte ses aventures à Calypso : Télé-

encadrées et en feuilles.

machus relating his adventures to Calypso; deux gr. p. coloriées d'après Westall.

VÉRITÉ (par).

140 Dévouement de Madame Elisabeth; — Séparation de Louis XVI d'avec sa famille, dans la tour du Temple; — Journée du 20 juin 1792 au château des Tuileries; — Derniers momens de Louis XVI, d'apr. Schiavonetti; Œdipe et Antigone; 9 p., 2 lots.

VOLPATO (par Joannes).

141 Le Char de la Nuit, d'apr. le Guerchin; le tit. tracé à la pointe.

142* Atilla; — l'Incendie du Bourg; — Héliodore chassé du temple; — Dispute sur le Saint-Sacrement, d'après les peintures de Raphaël au Vatican : les deux prem. sont avant la lettre; 4 p., 1 lot.

143 Apollon conduisant les troupeaux d'Admète; — Céphale et Procris; 2 Paysages en n., d'apr. Cl. Lorrain.

144 Apollon et Mercure; 2 gr. paysages d'apr. G. et N. Poussin.

145 Le repos en Egypte; — le Retour des champs; — le temple de Delphes; — la Fontaine d'Egerie; quatre paysages d'après Cl. Lorrain.

WILLE (par Jean-George)

146* Les Musiciens ambulans; — les Offres réciproques; Sujets de demi-figures, d'après Dietricy.

147* Les mêmes Estampes.

148 Mort de Cléopâtre; — Mort de Marc-Antoine; — le Maréchal-des-Logis; — Agar présentée à Abraham

2

par Sara; — Instruction paternelle; — le Concert de Famille; — les Délices et les Soins maternels; — Tricoteuse et Gazetière hollandaises; — la Ménagère hollandaise; — Petite Ecolière; — Bonne Femme de Normandie; — Sapeur des gardes suisses; — le Petit Physicien; — le Repos de la Vierge; — les Bons Amis; en tout 22 p., 2 lots.

WOOLLETT (par *William*).

149*La Pêche (the Fishery), d'apr. Jos. Wright; belle Epr.; la marge est ajoutée.

150*Le Chien d'arrêt (the Spanish pointer), d'après Geor. Stubbs; très-belle Epr.

151*Céladon et Amélie (Céladon and Amelia); — Ceyx et Alcyone (Ceyx and Alcyone), d'après Rich. Wilson. L'eau-forte du premier sujet est de Browne.

152*Didon et Enée (Dido and Eneas); les figures d'apr. J. Mortimer, par Fr. Bartolozzi; le Paysage d'après T. Jones.

153*L'Hiver (the rural cott), d'apr. Geo. Smith.

VORSTERMAN (*Lucas*, en 1620).

154*Adoration des Bergers; d'apr. Rubens; gr. Est. en n.

ESTAMPES

PAR ET D'APRÈS DIFFÉRENS MAÎTRES.

155*Par Porporati Carlo, la Petite Fille au chien, d'apr. Greuze; — une Jeune Fille regardant des fruits; — les Massacres dans Bethléem, d'apr. Rubens; — la

par et d'après différens Maîtres. 19

Fuite en Egypte, d'apr. C. Wanloo; 4 p., 2 sont sans verre; un lot.

156* Par Strange, Vénus et Adonis, d'après le Titien; — MM. Siddons and her son in the tragedy of Isabella; Est. angl. d'apr. W. Hamilton; — une Broderie en soie coloriée avec verre peint à vignette dorée; 3 pièces, 1 lot. (il y a un verre cassé.)

157* Sujets divers en noir et en couleur, par et d'après Aug. Legrand, Blaisot, Baron, Boilly, Castel, Cœuré, Cazenave, Chaponnier, Clément Désoar, Delgorgue, Duthé, Drevet, Debucourt, Henri, Larichardière, Landon, Le Brun, Le Barbier, Meynier, Pillement, Regner, Schenker, Tresca, etc. En tout 48 pièces, 18 lots.

158* Différens sujets, savoir : la Belle Féronnière, par Allais; — Talma dans Néron, par Augrand; — Jupiter et Io; Jupiter séduit Calisto, par Blot; — la Garde meurt et ne se rend pas, par Charlet; — Jupiter et Danaé, Vénus et l'Amour endormis; Pensée d'Amour, Rose d'Amour, le Lever et le Coucher, par Chaponnier; — Effets de Neige et Orage, par Debucourt; — Fête à Bacchus, par Earlom.

158 bis Statue de Louis XV, érigée par la ville de Reims; les Portraits de Sacchini, Philidor, François Doublet, N. Piccini, Mademoiselle Renaut, Madame Crétu, Jacinthe, Madame Gontier (rôle de Perrette), Gavaudan, Thomas, Isabey, Ravrio, et autres de la collection des Spectacles; — B. à cheval, d'après M. C. Vernet; N. d'après Muneret, gravé par Roger; — Fleurs et Fruits lithographiés; — des Etudes, d'après Fragonard; — Télémaque racontant ses Aventure à Calypso; — la Vue de Pont du Sphinx; — Vue

2.

de la Maison d'Econen; — Paysage, d'après le Poussin; Vénus et Cupidon, d'après M. Lebrun; — la Petite Chatte, etc., et un Livre d'Etudes pour le dessin.

159 Estampes anciennes, par et d'après G. Audran, Bloemaert, Bartollus, Bella, Brebiette, Benezech, Both, Bourdon, Cornélius, Callot, Annibal Carrache, Cochin, Duparc, Dorigny, Delahyre, Théodore Debry, Israël, Leclerc, Mariette, Mellan, Nicolas Poussin, Piranesi, Piroli, Poilly, Raphaël, J. Romain, Rossi, Rousselet, Testa, Tullius, Vivares, Zampiere et autres. En tout 890 p., 10 lots.

160 Morceaux au burin, par Anderloni, la Magdeleine; — par Bettelini, *Mater Amabilis*; — par Benevenuti, *Mater Dolorosa*; — par Cantini, la Vierge aux Mains jointes; — par Capezzuolini, Jésus-Christ; — par Dickinson, Marguerite de Navarre avec Marot, son Poète favori; — par Esquivel, *Mater Castissima*; — par Fontanals, la Tête de Saint Jean-Baptiste; — par Flipart, Paysages et Marines; — par Garavaglia, Judith tenant la tête d'Holopherne; — par Rosaspina, Cahiers contenant six Gravures, d'après les principaux tableaux de la Galerie de Bologne; — la Pêche, par W. Wollet; 21 Epreuves, 7 lots.

156 Armures, Casques, Chaises-Curules, Vases et Ornemens antiques; 16 Pièces, 1 lot.

162 Sujets de l'Histoire Sainte et de l'Histoire Profane; Portraits, Batailles, etc., par Aubert, sourd-muet, le Portrait de Charles le Brun; — par Batta Gio, S. Giovanni Battista, d'après André del Sarte; — par Bernucci, *Regina Sacratissimi Rosarii*, d'après Cignani; — par C. Vernet, des Chevaux au galop; — par Delaistre, le Portrait du Tintoret; — par Es-

quirel, *Mater Dolorosa*, d'après Benvenuti; — par Fontanals, *Volo ut protinus des mihi in disco caput Joannis-Baptistæ*, d'après Dominiquin; — par James-Mitan, the Battle of Bunkers'hill, near Boston, d'après Trumbull; — par W. Ketterlinus, 1799, the death, of Montgomery et Quebec; — par Morghen, Angélique et Médor, d'après Mattelli, sujet comp. en ovale; — par J. L. Potrelle, Portrait de Jules Romain, N. Poussin; — par Porporati, Suzanne au bain d'après Santerre. En tout 14 pièces, 4 lots.

163 Cent trois Estampes au burin, au pointillé, à l'aquatinta, en noir et en couleur, quelques-unes sont avant la lettre; savoir: par Arnout, les Montagnes Russes; — par Aubertin, le Château et Frégate, d'apr. Crépin.— par Bertrand, Portraits, Etudes, les Saisons, d'apr. l'Albane; — par Casas, Ornemens, d'apr. Pergolesi; — par Chaponnier, la Jeune Fille découverte, le Mal d'Amour; — Par Coupé, les Nouveaux Papillons; — par Daudet, les Ruines de Palmire, d'apr. Casas; — par Debucourt, les Heures, d'apr. Raphaël; — par Descourtis, Paul et Virginie, d'apr. Schall; — par Earlom, l'Académie de Londres, et Combats des Coqs; — par Edy, Vues de Constantinople; — par Folo, d'apr. le Poussin, le Temps sauvant la Vérité des fureurs de la Discorde; — par M. Forster, Portrait de Marmont; — par Fragonard, La Fontaine et le Songe d'Amour; — par Hodges, des Chevaux anglais; — par Jacob, d'apr. Quadeil, le Modèle; — par Keating, la Charité; — par Malgo et Merigo, Vues des Glaciers et Torrens de la Suisse; — Temples et Cascatelles de Tivoli près de Rome; — par Murphy, Résurrection du Christ; — par Northcote

des Léopards et des Tigres;— par Ottaviani, Ornemens d'Architecture; — par M. Pradier, Portrait d'Horace de Saussure;— par Regeault, la Nuit ;— par Romanet, le Sommeil;—par Ruotte, à la plus Belle;— par C. Vernet, Exercices de Franconi, etc. Cet article sera divisé en 9 lots.

164 Différens Sujets et Portraits, Allégories, Fleurs, Batailles, Cérémonies de la Chine, Paysages, Etudes, Costumes militaires, Vues de Paris, Caricatures, etc., par et d'apr. Angélica-Kauffman, Alix, Aug. Legrand, Audoin, Bartolozzi, Bertrand, Blot, Benoit, Boilly, Bouillon, Bourgeois de la Richardière, Carrée, Cazenave, Carle Vernet, Chasselat, Chaponnier, Cipriani, Cochin, Copia, Dambrun, Darcis, Debucourt, Delaunay, Demarteau, Dien, Duplessi-Bertaux, Folo, Fragonard, Gianni, Gounad, Grégorius, Gudin, Guerin, Guido-René, Hamilton, Hulman, Hulk, Jabek, Jazet, Jules-Romain, Lafitte, Le Barbier, Léonard-de-Vinci, Levilly, Massard père, Mécou, Michel-Ange, Noël, Prud'hon, Raphaël, Reinhold, Richomme, Romanet, Ruotte, Schall, Schinker, Singleton, Smith, Taillasson, Tiebault, Titien, Tofanelli, Van-Bloemer, Vanderwal, Westall, Vigneron, Vincent, etc. En tout 567 Epr., 60, sont coloriées. 9 lots.

165 Estampes françaises, anglaises, italiennes, et autres, gravées au burin, au pointillé et à la manière noire; savoir : par Avril, le Patriotisme français, la Double Récompense du mérite, et le portrait d'Alexandre de Russie à son avènement au trône;— par Aureli, Vénus et Adonis;— Barboni, Paysages d'apr. Salvator Rosa; — Boilly, le Bouquet et l'Enfant chéri.—

par et d'après différens Maîtres. 23

Beauvarlet, Télémaque racontant ses aventures à Calypso, Epr. avant la lettre;—par Bervic, la Demande acceptée; l'Innocence; d'apr. Mérimée; — Bartolozzi, Apothéose, d'apr. W. Peters, Epr. avant la lettre;— Bovinet, la France transmet à l'immortalité le Testement de Louis XVI;— Bertault, Grandes Vues de Paris;—Carle Vernet, Grandes Chasses, par Debucourt;—par Casas, Monumens orientaux;—Cazenave, le Lyon de Florence; Epr. avant la lettre, d'apr. Monsieau; — par Comte, Paysage, Vue d'un Aqueduc. — Copia, Allégorie, d'apr. Prud'hon; — Coqueret, Virginius après avoir tué sa fille, et Junius Brutus, d'apr. M. Lethiere; – d'apr. le Corrége, la Nativité; —par David, Louis XVIII en grand costume;—Du parc, Duplessi-Bertaux, Dupréel, De Saulx, Bovinet, Schroder, grands morceaux, la plupart de l'ouvrage intitulé : Vues de Constantinople et des Rives du Bosphore, d'après M. Melling;— Daudet et Garreau, les Charlatans, la Frileuse, d'apr. K. Dujardin; —Chasse au Cerf, d'apr. Wouvermans;—par Darcis, le Raccommodement, d'apr. M. Guerin;— le Départ et le Retour, d'apr. M. Isabey, Epreuves sur papier de Chine;— Dien, la Mort de Domosthènes, d'apr. M. Boisselier;—Dunan, Trait de générosité française; Delaunay, Bain des Mahométanes; Revue des troupes Egyptiennes;—par Drevet et Edelinck, la Présentation au Temple; la Magdeleine, d'apr. Le Brun; — Earlom, Fleurs et Fruits, d'apr. Van-Huysum, Epr. coloriées; Marché aux Fruits et aux Poissons, d'apr. Snyders;—par Fittler, Grandes Vues des environs de Londres;— d'apr. Fragonard, la Fontaine d'Amour; — par Green, Egist et Clitemnestre, gr. Est. d'apr.

West, le Mariage d'Henri VIII, avec Anne de Boblen, 1533; Mort de Lady-Jeanne Gray, 1554; la Reine Philippa sollicitant les Vies des six Bourgeois de Calais, aux pieds d'Edouard, son mari; Résurrection du Lazar, d'après West; — Guttenberg, Guillaume Tell; — par Hégi, Vues de différens Ports, d'après Casas, Noël et autres; — Hackert, Paysages, Vues de Perse; — par M. Jazet, Prise de la Redoute Kabrun (*Défense de Dantzick*, 1813), d'après M. Horace Vernet, épreuve avant la lettre; — par Lerpinière Daniel, gr. Paysages, Vues des environs de Londres; — M. Lignon, S. A. R. Mgr. le duc d'Orléans, d'après M. Gérard; — l'Amour considérant le Portrait de Psyché, d'après M. Meynier; — Lordon, la suite d'Atala et Chactas; — Mallet et Vanloo, le Lever et le Coucher; — Montmorillon, le prince Eugène; — Masquelier, Frégates; — Mathieu, la Naissance de Bacchus, épr. avant toutes lettres; — Malgo et Mérigot, Vues des Glaciers de la Suisse; — Mortel, Vue du Pont de Westminster; — Morghen, le Tombeau de Clément XIII, d'apr. Canova; — Le Portrait d'Antoine Canova; — Par Meadows, Baptism, Sacrament, Confirmation, Marriage, estampes anglaises avant la lettre, d'après R. Westall; — Peter-Simon, Shakspeare, d'apr. W^{ll} Hamilton; — J. L. Potrelle, l'Amour et Psyché, épr. avant la lettre, d'apr. M. David; — Romanet, la Mère de Famille, d'apr. Fragonard; — Par Sauvé, *Monsieur*, comte d'Artois; — Raph. Smith, portrait en pied de Georges, Prince of Wales; — par M. Alex-Tardieu, Paul Barras, en costume; — William-Ward, des Chevaux anglais; Fruits de l'Industrie, et Économie, et de l'Extravagance, d'apr. Moreland et Singleton, 3 p. —

par et d'après différens Maîtres. 25

C. Vernet, des Chevaux. — Par Volpato-Joannes : *ædificavit autem altare Noë Domino, et tollens de cunctis pecoribus.*

Et volucribus mundis, obtulit holocausta. Super Altare; tunc Herodes.....Iratus est valde, et mittens, occidit omnes pueros, qui erant in Bethlehem, et in omnibus finibus ejus, a bimatu, et infrà..... 2 Gr., Est. en L., d'apr. N. Poussin.

Arabesques et Ornemens de la Galerie du Palais Farnèse; — le Martyr de Saint-André, *Divi Andreæ Apost. Martyrium.* Est. en L., le tit. tracé à la pointe, d'apr. Guidus-René; en tout 145 Epr. ; 22 sont coloriées ; 21 lots.

166 Sujets de tous genres, par et d'après, Albane, Alix, Angélica-Kauffman, Aubry, Audouin, Bartolozzi, Bergeret, Berghem, Bertrand, Bertault, Benoit, Bloemaert, Bigg, Boilly, Bouillon, Bourgeois de la Richardière, Burke, Cardon, Carrache, Cazenave, Chaponnier, Chasselat, Cipriani, Cochin, Corrége, Dambrun, Delaunay, Demarteau, Descourtis, Dibart, Dickinson, Duplessi-Bertaux, Dupreel, Duthé, Filpart, Folo, Fragonnard, Friesinger, Gaugain, Gianni, Godefroy, Goltzius Gounod, Green, Greuze, Gudin, Guérin, Guide, Guttemberg, Hamilton, Helman, Hénard, Hesse, Holl, Ingouf, Isabey, James, Jazet, Keating, Lafitte, Laurence, Le Barbier, Lebrun, Léonard de Vinci, Levachez, Lignon, Massard, Masquelier, Mathieu, Mecou, Meynier, Michel-Ange, Miger, Morel, Morland, Nutter, Peter-Simon, Pillement, Prud'hon, Raphaël, Reinhold, Rembrant, Richomme, Riedel, Roger, Romanet, Ruotte, Rusell, Salvator-Rosa, Sarazin,

Schall, Scriven, Shinker, Smith, Scorodoomoff, Singleton, Taunay, Vanderwal, Ward, Waterloo, Wicar, Vigneron, Wille, Vischer Whessell, Volperga; 513 Est., la plupart en couleur, 12 lots.

167 (*Venus aplaca os Ventos e a tormenta*). Vignette du Poëme du Camoëns, d'après M. Gérard, dess. par Fragonard, gravée par Pigeot, épr. sans lettre; — par F. Lignon, le Portrait de Bernardin-de-Saint-Pierre, épr. avant la lettre, d'après Girodet-Trioson; — Portrait de Boileau, par le même, épr. avant la lettre, sur papier de Chine; — par J. de Frey, le Bourguemestre Hollandais; le Portrait de M. Dubois, par le même; — les Pestiférés de Jaffa, épr. avant la lettre, sur papier de Chine; — par Queverdo, Marcus-Sextus, d'apr. M. Guérin, épr. avant la lettre; — autres Vignettes avant la lettre, sur papier de Chine, dont la Rosière, par Girardet; — Pygmalion, par Lignon; — Vignette pour le Th. de Racine, par Girardet; — Jésus-Christ portant sa Croix, par Pigeot, d'apr. M. Horace Vernet; — la Magdeleine, par Leroux; — le Sacre de Napoléon, les Révoltés du Kaire, eaux-fortes par Quéverdo; — Diverses Vignettes anglaises; en tout 41 pièces, 12 lots.

168 Costumes suisses coloriés; 8 p., 2 lots.

169 Dix-neuf Estampes en couleur, par Boilly : les hommes se disputent, les femmes se battent; — par Cook et Prot, la Dame du lac; — par Debucourt, Portraits de femmes, d'après Raphaël, le Tintoret, Rubens, Vandick; — par Duthé, la suite d'Atala et Chactas,

Ouvrages en recueil, reliés, etc. 27

d'après Chasselat; — par Descourtis, la suite de Don-Quichotte, d'apr. Schall; 5 lots.

170 Sujets de Paysages, animaux, arabesques, ornemens, fleurs, fruits, études d'académies d'Écorchés, Dessins pour meubles et broderies, tant en noir qu'en couleur; 970 feuilles; 4 lots.

OUVRAGES EN RECUEIL, RELIÉS OU EN FEUILLES.

171 Les Fastes de la Nation française, 2 volumes, reliés en veau, dorés sur tranche, contenant 190 vignettes par les meilleurs graveurs; au bas de chaque, l'explication du sujet. Ouvrage publié à Paris, par Ternisien d'Haudricourt.

172 Les Campagnes d'Italie, dessinées par M. C. Vernet, les eaux-fortes par Duplessi-Bertaux, et terminées par divers artistes. 24 Est. et 1 Portrait.

173 Par Berthault, Tableaux de la Révolution française, représentant les événemens principaux qui ont eu lieu en France depuis la transformation des états-généraux en assemblée nationale, le 20 juin 1789. Trente gravures avec texte.

174 Iconographie des contemporains, depuis 1789 jusqu'à 1820 (Paris, Delpech), litographiés par MM. Grevedon, Hesse, Maurain et Mauzaisse; 16 p., 2 lots.

175 Collection d'oiseaux coloriés en 100 feuilles, par Martinet.

176 Par M. Piringer, Recueil des Monumens antiques et des principales fabriques de Rome. 1 volume, Paris, 1806, Par MM. Baltard et Piringer.

Ouvrages en recueil, reliés, etc.

177 Atlas des Promenades pittoresques dans Constantinople et sur les rives du Bosphore; en 5 livraisons, par Piringer.

178 Par le même, un Cahier contenant les quatre points du jour, d'apr. Cl. Lorrain.

179 Cahier contenant six Vues d'Angleterre, d'après Hodmer.

180 Une Collection d'oiseaux coloriés, en 140 feuilles.

181 Les loges de Raphaël; — la Galerie Farnèse et les Peintures de Pietre de Cortone; — Recherches d'antiquités dans la Villa Albana; — Bas-Reliefs, d'après Jules-Romain, par Pietro-Sancti; — Figures et Académies d'après le Musée romain; — Architecture d'André Palladio, publiée à Venise; — Plans et Ornemens, par Serlio-Bolo; — les travaux d'Ulysse, comp. pour un des plafonds d'une des salles du palais de Fontainebleau, par le Primatice; — 84 Feuilles représentant des bas-reliefs romains, par Pietro-Sancti Bartolo; — 77 Feuilles représentant les bas-reliefs de la colonne d'Antonin à Rome. — Thesaurus ex Thesauro palatino selectus, volume de figures, académies et médailles. — Deux volumes monumens antiques inédits, par Jean Winckelmann; — volume des Fables latines, par différens auteurs; — Règle des cinq ordres d'architecture, par Jacques Barazzio de Vignole; — Termes des animaux et livre antipathie; — Paysages publiés à Stutgard. — Études, par An. Carrache; — les Proportions du corps humain, par Girard-Audran; — Picturæ Antiquæ di Roma, par Michel-Ange; — Parallèle de l'Architecture antique et de la moderne; — 51 Gravures d'après des bas-reliefs antiques, par François Perrier : cet article sera divisé.

DESSINS PAR DIFFÉRENS MAITRES.

BOUILLON (*par M.*).

182* La Sainte Cécile, d'après le tableau de Raphaël, qui est dans la galerie de Bologne ; dessin original qui a servi à M. le chevalier R. Urb. Massard, pour graver l'Estampe. a. 19 p. 4 li., l. 12 p. 6 li.

183 Vingt-huit Dessins, par MM. Piringer, Wagner et autres.

184 Seize Dessins, par Sarazin, en 1775.

185 Neuf Dessins, par Weirother, Piringer et autres.

186 Trois Dessins, par Van-Bloemen, Martinet, Wagner.

187 Six Dessins, par M. Piringer.

188 Deux Dessins d'après nature, par M. Piringer.

189 Douze Dessins au trait, lavés au pinceau, par M. Piringer.

190 Onze Dessins, par différens maîtres.

191 Trois Dessins, Paysages et Animaux, par M. Piringer.

192 Treize Dessins, deux au crayon rouge, onze au crayon noir, par M. Piringer.

192* (*Bis*). Deux petits Dessins avec passe-partout ; — une vue des environs de Tivoli ; — autre vue d'une fabrique ; — la Vierge, l'Enfant-Jésus et Saint-Jean, dessin au crayon rouge : en tout, cinq dessins encadrés ; un seul est sans verre ; 1 lot.

TABLEAUX ENCADRÉS.

193 Par L. Vidal, un joli petit Tableau représentant des Fruits. L. 1 pi. 3 po., H. 1 pi.

194 Un grand Tableau pouvant servir au Maître-Autel, représentant la Cène où Jésus-Christ est à table avec ses Apôtres, peint par Restout. L. 4 pi. 6 po., H. 3 p.

195 Par Devouge, deux Tableaux faisant pendant, représentant, l'un Narcisse, l'autre Jupiter et Io. Grandeur des Tableaux. L.

196 Un Tableau attribué au Titien, représentant Sainte Magdeleine échevelée. H. 2 pi. 10 po., L. 2 pi. 3 po. (Tableau richement encadré).

197 Par Oudry, grand Paysage dans lequel un chien s'arrête à la vue du gibier. L. 4 pi. 9 po., H. 3 pi. 5 po.

198 Par Devouge, Tableau représentant le Jugement de Pâris. L. 2 pi. 10 po., H. 2 pi. 3 po.

199 Deux petits Tableaux, par ***; sujets composés dans des paysages près d'une cascade, et représentant des Nymphes avec des Satyres. L. 1 pi. 3 po., H. 1 p.

200 Deux Tableaux attribués à Léonard de Vinci, l'un représentant le Christ, l'autre la Vierge. H. 2 pi. 2 po., L. 1 pi. 8 po.

201 Un Tableau peint sur bois, représentant une tête de Vierge dans un entourage de fleurs. H. 2 pi., L. pi. 6 po.

Tableaux encadrés.

202 Ébauche représentant le Champ de Bataille après Austerlitz. On remarque le général en chef distribuant des Croix-d'Honneur aux soldats blessés. L. 1 pi. 10 po., H. 1 pi. 5 po.

203 Deux Tableaux dans le genre du Poussin; Paysages, sites d'Italie, représentant la Vendange et la Moisson. L. 2 pi. 1 po., H. 1 pi. 9 po.

204 Un Cheval blanc, tableau peint sur bois.

205 Copie du Marat, d'après le tableau original de M. L. David, peint par un de ses élèves. H. 5 pi. 5 po., L. 3 pi. 7 po. 6 li.

Ce Tableau est sans encadrement.

206 S'il se trouve d'autres Tableaux, ils seront divisés sous ce numéro.

PLANCHES GRAVÉES.

207 Les Portraits de Louis-Antoine-Henri de Bourbon Condé, duc d'Enghien, né à Chantilly, le 2 août 1772, mort au château de Vincennes, le 30 ventose an 12 (21 mars 1804); gravées par M. Thr. Richomme, d'après le dessin de M. Bourdon; — Charles-Ferdinand d'Artois, duc de Berry, fils de France, né à Versailles, le 24 janvier 1778, mort à Paris, le 14 février 1820, gravé par Dequevauviller, d'après le même. Ces deux Portraits compo. en ovale ; grandeurs des cuivres. H. 9 po. 6 li., L. 7 po. Des deux planches, 123 épreuves.

208 Saint Paul prêchant à Éphèse, et faisant brûler les livres profanes, d'après Lesueur, gravé par Duplessi-Bertaux sur le dessin de Defraine. Grandeur du cuivre. H. 9 po., L. 6 po. 113 Épreuves avant la lettre, 12 avec.

209 Un Portrait gravé au burin par Châtaignier, d'après le dessin de Chasselat, représentant un Prélat en grand costume et assis. Grandeur du cuivre, H. 9 po. 9 li., L. 6 po. 3 li. 34 Épreuves sans lettre.

210 Une Vignette gravée à l'eau-forte par Duplessi-Bertaux, représentant la Défaite du Roi Porus (une des batailles d'Alexandre). Grandeur du cuivre, L. 8 po. 3 li., H. 5 p. 7 li. 2 Épreuves.

211 Un joli petit Paysage, d'après Berghem, gravé par Dessaulx. Grandeur du cuivre, L. 10 po., H. 6 po. 7 li. 30 Épreuves, dont deux seulement sont terminées.

212 Bas-Relief d'après l'antique, vignette gravée à l'eau-forte par Adrien Godefroy. Grandeur du cuivre, L. 10 p., H. 6 po. 8 li. 2 Épreuves.

213 Étude représentant un Ecclésiastique. Grandeur du cuivre, H. 8 p., 8 l., L. 7 po. 2 Épreuves.

214 Une Planche gravée au burin, représentant la Statue d'un ancien Romain. H. 10 po., L. 6 po. 5 li. 36 Épr.

215 Marine gravée à l'eau-forte; — Jésus-Christ après sa mort, entouré de Saints. Du premier sujet, 35 Épr.; du deuxième, 29 Épr., 1 lot.

CARTES GÉOGRAPHIQUES.

216 Plusieurs Cartes de France, avec la Chronologie progressive de la Monarchie française, par Poirson, 1814.
Autres Cartes des quatre parties pu monde, où sont indiquées les découvertes faites par MM. Cook, Bruce, Mackenzié, Vancouver, La Pérouze, Renell et Humboldt, par M. Bonne.
Autres Cartes de la France et de l'Italie, par Delamarche.
Carte d'Europe, d'Asie, d'Afrique et d'Amérique.
Grande Carte du royaume de Prusse, de Russie et de la confédération du Rhin, par Denis.
Carte générale du royaume de France, avec l'itinéraire exact des routes et postes pour la France, l'Allemagne et l'Italie, par Brion de la Tour.
Carte d'Allemagne, par Boniselle.
Cartes des royaumes d'Espagne et de Portugal, par Th. Lopez.
Carte de Pologne, par Robert de Vaugondy.
Carte de la Tartarie chinoise, par Daville.
Carte militaire de l'île de Corse, par Lerouge.
Carte de l'Empire d'Allemagne, par Delamarche.
Carte du théâtre de la guerre en Allemagne.
Carte du royaume de Prusse, de la Pologne, et d'une partie de la Russie, par Hérisson.
Carte du théâtre des guerres du Continent.
Carte du théâtre de la guerre en 1814.

Cartes géographiques.

Carte générale de l'empire des Russes.
Carte de la Turquie d'Europe.
Carte de l'ancien royaume de Pologne, par Mentelle.
Carte du théâtre de la guerre en Pologne.
Carte du royaume de Bohême, par Delamarche.
Carte des royaumes de Danemarck, de Norwège et de la Suède, par Delamarche.
Carte de la Guadeloupe, par le Rouge.
Carte du royaume d'Irlande.
Carte de l'île de Saint-Domingue, par Criwtonn.
Carte d'Espagne et de Portugal, en neuf feuilles, par Chanlaire.
Carte de la Saxe.
Carte des départemens de la France.
En tout 144 Feuilles, qui seront divisées en 7 lots.

217 Les articles omis au présent Catalogue seront vendus sous ce n°.
218 Vingt-cinq Feuilles de papier de Chine, longueur 5 pieds 4 pouces sur 2 pieds 11 pouces de largeur.
219 Bordures dorées, et vieux portefeuilles.

OBJETS DIVERS.

220 Une Médaille de S. A. R. Mgr. le duc d'Angoulême.
Une autre Médaille de Etienne Méhul.

Objets divers.

221 Cinq tabatières formes rondes; trois avec des peintures de paysages, monumens, et navire; une avec un Portrait de femme; une autre, allégorie à Louis XVIII.
222 Un Etui de Mathématique incomplet.
223 Un Niveau d'eau portatif.
224 Pendule, modèle de Michalon, avec figure bronzée, à ornemens dorés, le mouvement de Lesieur.
225 Une paire de Candélabres, modèle de 2 p. 6 pouces, avec figure de femme en bronze, supportant seize lumières; Socle en marbre vert antique, avec ornemens dorés.
226 Feux à figure de femme bronzée, avec ornemens dorés d'or mat.
227 Flambeaux et Girandoles à ornemens dorés.
228 Objets divers.

FIN.

www.ingramcontent.com/pod-product-compliance
Lightning Source LLC
Chambersburg PA
CBHW030104230526
45471CB00003B/1242